자기사랑 테라피

Be-good-to-yourself Therapy
written by Cherry Hartman
illustrated by R. W. Alley

Copyright © 1987 by Abbey Press St. Meinrad, Indiana
Korean translation copyright © 2010 by ST PAULS, Seoul, Korea

이 도서의 국립중앙도서관 출판예정도서목록(CIP)은 서지정보유통지원시스템 홈페이지(http://seoji.nl.go.kr)와 국가자료종합목록 구축시스템(http://kolis-net.nl.go.kr)에서 이용하실 수 있습니다. (CIP제어번호 : CIP2009004021)

이 책은 저작권법의 보호를 받으므로 무단전재와 무단복제를 금합니다.
이 책 내용의 전부 또는 일부를 재사용하려면 반드시 저작권자와 성바오로출판사의 동의를 얻어야 합니다.

자기사랑 테라피

채리 하트만 글   R. W. 앨리 그림

유영종 옮김

여는 글

　어른이 되면서 사람들은 스스로를 위축시키는 태도를 습득하게 됩니다. 화를 내고 나서 곧 후회하나요? 자신이 느끼는 감정들이 창피하기도 하고요? 실수나 실패를 한 다음에는 자책하고, 다른 사람보다 자신에게 필요한 것을 먼저 생각하면 죄책감을 느끼세요? 이 책 『자기 사랑 테라피』는 우리가 풍성하고 올바른 삶을 사는 데 방해되는 잘못된 생각들을 극복하도록 도와줄 겁니다.

　많은 사람들이 자부심을 지나친 자기 사랑으로 여기지만, 진정한 자기 사랑은 우리 하나하나가 하느님의 작품임을 깨닫는 데서부터 시작됩니다. 스스로를 사랑하는 것은 우리 창조주이신 하느님에 대한 사랑을 표현하는 거지요. 게다가 자신의 영적, 정신적, 육체적 건강을 보살피지 않고서는 다른 사람들에게 도움이 될 수 없습니다.

　자신을 사랑하세요. 이 책에서 읽는 지혜로운 조

언들이 당신을 더욱 평화롭고 조화로운 삶으로 이끌어 주길 바랍니다.

1.

자신을 믿으세요.
우리는 이미 무엇을 원하고 무엇을 필요로
하는지 알고 있습니다.

Trust yourself. You know what you want and need.

2.

자신을 최우선으로 생각하세요.
스스로를 잘 돌보지 않고서는 다른 사람들을 위해 아무것도 할 수 없습니다.

Put yourself first. You can't be anything for anybody else unless you take care of yourself.

3.

자신이 느끼는 감정들을 주위에 알리세요.
그 감정들은 정말 중요해요.

Let your feelings be known.
They are important.

4.

자신의 의사를 표현하세요.
자신의 말에 귀 기울이는 것은 정말 좋은 일입니다.

Express your opinions.
It's good to hear yourself talk.

5.

자신의 생각을 소중히 여기세요.
나는 굉장한 생각쟁이!

Value your thinking. You do it well.

6.

자신에게 필요한 시간과 공간을 마련하세요. 다른 사람들이 나에게 무언가를 원하고 있다 하더라도 말예요.

Take the time and space you need—even if other people are wanting something from you.

7.

필요한 것이 있는데 그렇지 않다고 자신을 설득해서 미리 포기하지 마세요. 얻지 못하더라도 무언가 필요한 건 잘못이 아닙니다.

When you need something, don't talk yourself out of it. Even if you can't have it, It's OK to need.

8.

걱정이 될 때 누군가에게 알리세요.
스스로를 고립시키면 걱정이 더 심해집니다.

*When you're scared, let someone know.
Isolating yourself when you're scared
makes it worse.*

9.

도망치고 싶을 땐 자신이 느끼는 두려움을 잘 살펴보세요. 그 두려움이 어떤 결과를 불러올지, 또 자신이 무엇을 해야 할지 잘 생각해 보세요.

When you feel like running away, let yourself feel the scare. Think about what you fear will happen and decide what you need to do.

10.

화가 치밀어 오를 땐 분노를 표현하세요. 그냥 노여워만 할지, 소리를 지를지, 아니면 행동으로 표출할지 결정하세요.

When you're angry, let yourself feel the anger. Decide what you want to do: just feel it, express it, or take some action.

11.

슬플 땐 위안이 될 것들을 생각하세요.

When you're sad, think about what would be comforting.

12.

상처 받았을 땐 그 상처를 입힌 사람에게 말하세요. 마음속에 억누르고 있으면 상처는 더 커질 뿐입니다.

When you're hurt, tell the person who hurt you. Keeping it inside makes it grow.

13.

상처 받은 얼굴을 보더라도 긴장하지 말고 편히 숨을 쉬세요. 당신에게 다른 사람들을 행복하게 만들어야 할 책임은 없습니다.

When you see someone else's hurt face, breathe. You are not responsible for making other people happy.

14.

할 일이 있지만 내키지 않을 땐 꼭 끝마쳐야 할 일과 미뤄도 될 일을 나눠 보세요.

When you have work to do and you don't want to do it, decide what really needs to be done and what can wait.

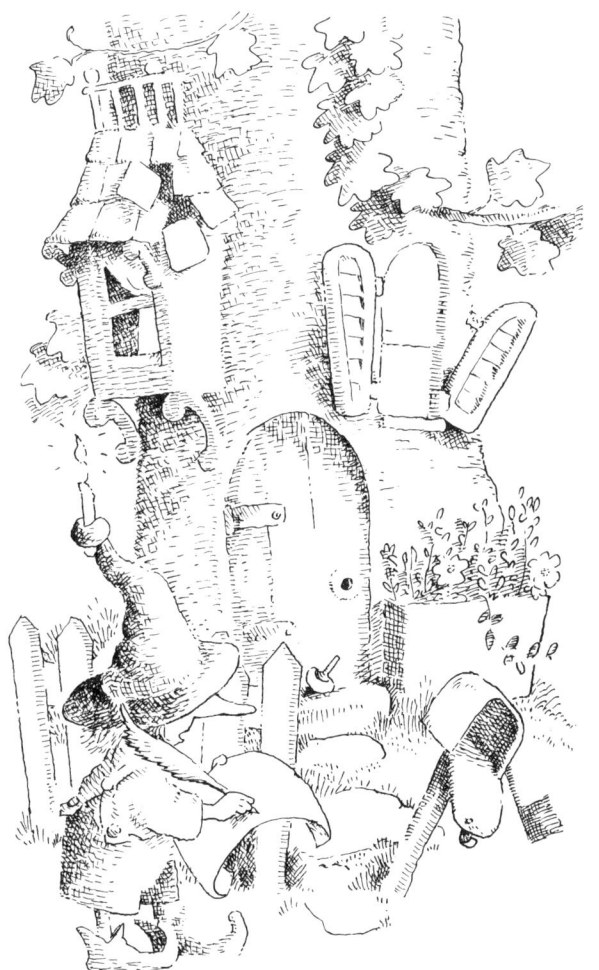

15.

누군가에게 원하는 것이 있으면 부탁을 하세요. 거절당한다고 세상이 끝나는 것도 아니고, 부탁하는 것이 자신의 감정에도 충실한 행동입니다.

When you want something from someone else, ask. You'll be OK if they say no, Asking is being true to yourself.

16.

도움이 필요할 땐 요청하세요. 만약 상대방이 도움을 주고 싶지 않으면 거절할 테니까요.

When you need help, ask. Trust people to say no if they don't want to give.

17.

상대방이 도움 주길 거절할 땐 대부분 당신이 아니라 상대방에게 문제가 있는 겁니다. 다른 사람에게 다시 도움을 청해 보세요.

When people turn you down, it usually has to do with them and not with you. Ask someone else for what you need.

18.

혼자라고 느껴질 땐 당신과 함께하고 싶어 하는 사람들이 주위에 있다는 걸 기억하세요. 그 사람들 하나하나와 모두 함께하면 어떤 기분일지 상상해 봅니다. 실제로 그렇게 되면 좋겠지요?

When you feel alone, know there are people who want to be with you. Fantasize what it would be like to be with each of them. Decide if you want to make that happen.

19.

불안한 기분이 들 땐 앞으로 닥쳐올 어려운 일을 생각하고, 그 일에 대비해 기운을 모은 다음 다시 현실로 돌아오세요.

When you feel anxious, let yourself know that in your head you've moved into the future to something scary and your body has gotten up the energy for it. Come back to the present.

20.

누군가에게 사랑스런 말을 해 주고 싶을 땐 지금 바로 그렇게 하세요. 감정을 표현하는 것과 약속하는 것은 같은 것이 아닙니다.

When you want to say something loving to someone, go ahead. Expressing your feeling is not a commitment.

21.

누군가 우리에게 소리를 지르면 의자에 앉아 긴장을 풀거나 두 다리로 땅을 굳게 딛고 서서 단호히 견뎌 내세요. 심호흡하는 것도 잊지 말고요. 우리에게 전달하려는 메시지가 무엇일까 생각해 보세요.

When someone yells at you, physically support yourself by relaxing into your chair or putting your feet firmly on the floor. Remember to breathe. Think about the message they are trying to get across to you.

22.

쉴 새 없이 자책하고 있다면 이제 그만두세요. 무언가가 부족할 때 우린 종종 그렇게 하곤 하죠. 그 부족한 것이 무엇인지 찾아서 구하도록 하세요.

When you're harassing yourself, stop. You do it when you need something. Figure out what you need and get it.

23.

모든 것이 다 엉망이 된 것 같을 때 우리는 질려 어쩔 줄 모르게 되고 위안을 찾게 됩니다. 위로를 요청하세요. 무엇을 해야 할지는 그 후에 생각해 봐도 좋습니다.

When everything seems wrong, you are overwhelmed and need some comforting. Ask for it. Afterwards, you can think about what you need to do.

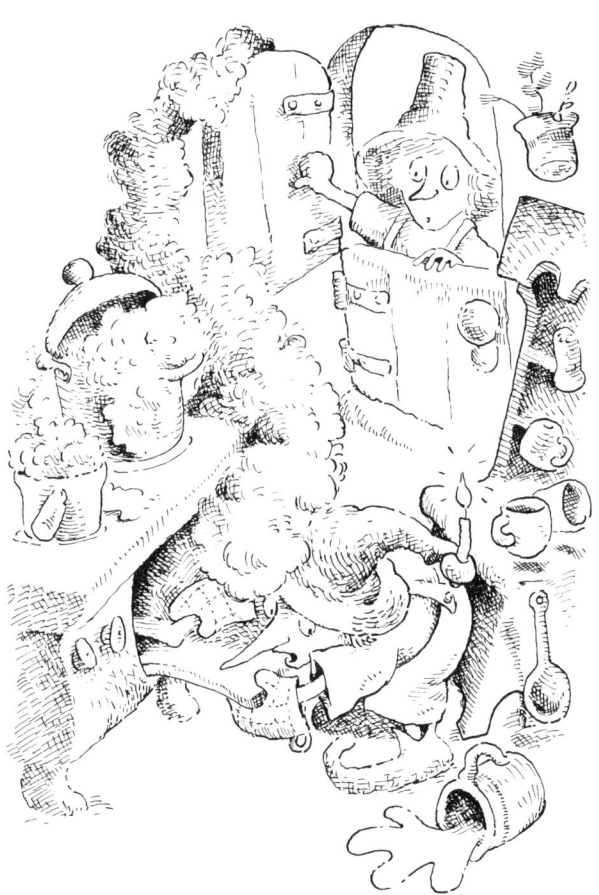

24.

낯선 사람과 이야기하고 싶지만 두려움이 생기면 크게 심호흡을 하세요. 그리고 무슨 말을 할지 연습하지 말고 그냥 한번 부딪쳐 보세요. 잘 안 되는 것 같으면 그때 말을 멈춰도 괜찮습니다.

When you want to talk to someone new and are scared, breathe. Don't start rehearsing, just plunge in. If it doesn't go well, you can stop.

25.

과식, 흡연같이 스스로도 꺼림칙한 일을 하고 있다면 당장 멈추세요. 그리고 자신이 진정으로 원하는 것이 무엇인지 생각해 보세요. 생각의 통로가 막혀 명료한 사고를 할 수 없다면 누군가에게 터놓고 이야기해 보세요.

If you're doing something you don't like to do (such as smoking or overeating), stop. Think about what you really want. If you're stuck and can't think clearly, talk out loud to someone.

26.

논리적으로 조리 있게 생각할 수 없다면, 생각을 잠깐 멈춰 보세요. 그리고 머리가 아니라 온몸으로 느껴 보세요.

When you can't think straight, stop thinking. Feel.

27.

사랑이 필요할 땐 손을 내미세요. 당신을 사랑하는 사람들이 주위에 있습니다.

*When you're in need of love, reach out.
There are people who love you.*

28.

우리가 혼란스러운 것은 대체로 자신이 해야 한다고 생각하는 일과 하고 싶은 일이 달라서 그런 경우가 많습니다. 큰 소리로 아니면 종이 위에 글로 써서 자신과 대화해 보세요. 아니면 친구에게 두 가지 내용을 모두 이야기해 보세요.

When you're confused, it's usually because you think you should do one thing and you want to do another. Dialogue with yourself out loud or on paper, or present both sides to a friend.

29.

막 떠밀리고 있다고 느껴질 땐 부러 속도를 줄여 보세요. 천천히 숨을 쉬고, 천천히 말하고, 천천히 움직여 보세요.

When you feel harried, slow down. Deliberately slow your breathing, your speech, and your movements.

30.

눈물이 팽 돌 땐, 아예 펑펑 울어 버리세요.

When you have tears, cry.

31.

눈물이 쏟아질 것 같은데 당장 울기에 적당한 장소가 아니라면, 당신의 슬픔을 인정하고 나중에 실컷 울겠다고 자신과 약속하세요. 그리고 그 약속을 꼭 지키세요.

When you feel like crying and it's not a safe place to cry, acknowledge your pain and promise yourself a good cry later. Keep your promise.

32.

누군가 당신에게 잘못을 저지르면 참지 말고 솔직하게 화를 내세요.

When somebody does you wrong, be actively angry with them.

33.

세상이 온통 우울한 회색빛처럼 보일 땐 주위에서 예쁜 빛깔들을 한번 찾아보세요.

When everything seems gray, look for color.

34.

자신이 어린애같이 느껴질 땐 내면에 있는 아기를 잘 보살펴 주세요.

When you feel like a baby, take care of the baby in you.

35.

선물을 받으면 "고마워요."라고 인사하세요. 그렇게만 하면 됩니다. 선물은 의무가 아니니까요.

When somebody gives you a gift, say "thank you." That's all you need to do. A gift is not an obligation.

36.

누군가 당신을 사랑한다면 기쁘게 받아들이세요. 사랑도 의무가 아니랍니다. 보답으로 무언가를 꼭 할 필요는 없습니다.

When somebody loves you, just accept and be glad. Love is not an obligation. You don't have to do anything in return.

37.

지금껏 읽은 조언 중에 자신에게 적절치 않은 것이 있다면 다른 사람과 이야기해 보세요. 그리고 자신의 상황에 맞게 다시 만들어 보세요.

If one of these rules seem wrong for you, talk about it with someone. Then, rewrite it so it fits for you.

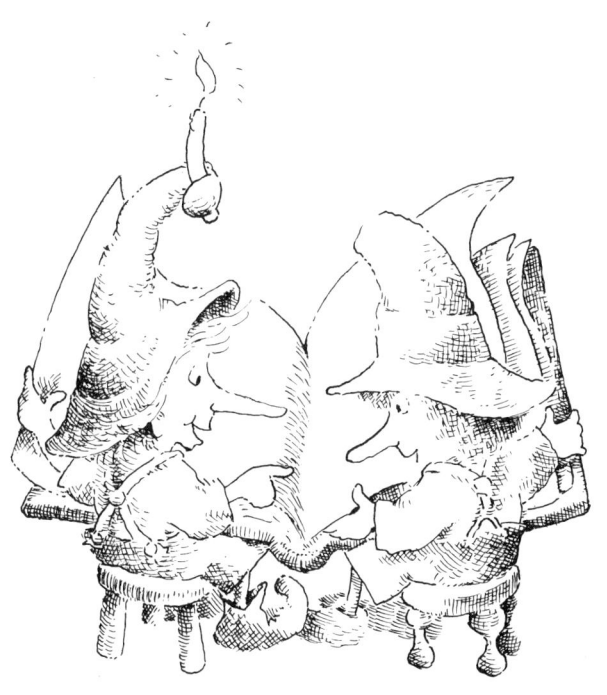

체리 하트만은 오레곤 주 포틀랜드에서 임상 사회복지사로 일하며 개인 또는 부부와 상담하고, 정신 건강 전문가들을 훈련, 감독하는 워크숍을 20년 넘게 이끌어 왔습니다.

애비 출판사 "Elf-Help books" 시리즈의 삽화를 그린 **R. W. 앨리**는 부인, 아들, 딸과 함께 로드아일랜드 주 배링턴에 살며 어린이 책도 쓰고 그림도 그립니다. 사이트 www.rwalley.com에 가면 앨리의 다양한 책들을 볼 수 있습니다.

닫는 글

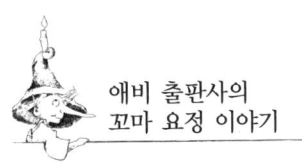
애비 출판사의
꼬마 요정 이야기

애비 출판사에서 시리즈물로 나온 "Elf-Help" 책들과 그 책 안에 그려진 멋진 꼬마 요정들은 1987년 『Be good to yourself Therapy』라는 작은 책에서 처음 태어났습니다. 편집 위원들의 상상력에 R. W. 앨리의 독창적인 그림으로 태어난 요정들을, 작가 체리 하트만이 자기 성장을 위해서 독자들에게 전하는 따뜻한 조언들과 함께 적절하고 재미있고 현실감 있게 완성했습니다.

독자들의 반응이 너무나 커서 곧이어 다른 "Elf-Help" 책들이 나왔습니다. 이 시리즈물이 계속 잇달아 나오면서 이와 관련된 다양한 상품들도 만들어졌지요.

처음에 나왔던 책들에서는 무척이나 귀여운 꼬마 요정이 모자를 쓰고 나왔는데, 시시각각 변하는 초를 모자 꼭대기에 달고 있는 모습이 참

인상적입니다. 나중에는 머리에 꽃을 꽂은 예쁜 여자 요정도 태어났습니다. 이 발랄하고 사려 깊고 친절하고 또 사랑스러운 두 요정은 다른 꼬마 요정들과 함께 하느님의 사랑의 신비, 인생에서 만나는 기적, 온전함과 평온함, 기쁨과 경이로움, 즐겁게 놀면서 함께 만들어 가는 것들에 대해 이야기하며 우리에게 진정으로 중요한 게 무엇인지를 알려 줍니다.

지혜롭기도 하고 가끔은 색다른 놀라움도 주는 이 작은 요정들, 긴 코를 자랑하는 요정들과 함께 진정으로 풍성하고 충만한 삶을 살아가는 법을 배워 보세요.

'테라피 시리즈'

『스트레스 테라피』(2009)

『믿음 테라피』(2009)

『기도 테라피』(2009)

『걱정 테라피』(2009)

『우울증 테라피』(2010)

『자기 사랑 테라피』(2010)

『영적 공허 테라피』(2010)

『외로움 테라피』(2010)

『대인 관계 테라피』(2011)

『용서 테라피』(2011)

『단순한 삶 테라피』(2012)

『평화 테라피』(2012)

『감사 테라피』(2013)

『받아들임 테라피』(2013)

『갈등 해소 테라피』(2013)

『고통 테라피』(2013)

자기사랑 테라피

글쓴이 : 체리 하트만
그린이 : R. W. 앨리
옮긴이 : 유영종
펴낸이 : 서영주
펴낸곳 : 성바오로
주소 : 서울특별시 강북구 오현로7길 20(미아동)
등록 : 7-93호 1992. 10. 6
교회인가 : 2009. 5. 7
초판 발행일 : 2010. 1. 5
1판 6쇄 : 2025. 2. 21
SSP 885

취급처 : 성바오로보급소
전화 : 944--8300, 986--1361
팩스 : 986--1365
통신판매 : 945--2972
E-mail : bookclub@paolo.net
인터넷 서점 : www.paolo.kr

값 5,500원
ISBN 978-89-8015-725-9